JÖRG SASSE

JÖRG SASSE

Vierzig Fotografien 1984 – 1991

Mit Texten von Gerda Breuer und Thomas Lange

SCHIRMER/MOSEL
MÜNCHEN · PARIS · LONDON

Dieser Band erscheint anläßlich einer Ausstellung der
Fotografien von Jörg Sasse, die vom 12. März bis 20. April 1992
in den Ateliers des Museums Künstlerkolonie auf der Mathildenhöhe Darmstadt
gezeigt wird.

ISBN 3-88814-465-5
Eine Schirmer / Mosel Produktion

VORWORT

Mit der Werkauswahl von fotografischen Arbeiten des Düsseldorfers Jörg Sasse stellt das Museum Künstlerkolonie in seinen Ateliers erneut eine Auseinandersetzung mit dem Thema »Alltagsdinge« vor. Seine Motive wählt der Künstler aus der Lebenswelt (west-) deutscher Wohnkultur im Zeitraum zwischen den 50er und dem Beginn der 90er Jahre. Er verändert nichts, arrangiert nichts, findet vor. Direkt, scheinbar kommentarlos, lichtet er die Dingwelt ab – und damit auch die zwar nicht anwesenden, aber immer präsenten Menschen, die diese Dinge inszeniert haben.

Als Schüler von Bernd Becher, der ab 1976 den Lehrstuhl für Fotografie an der Düsseldorfer Kunstakademie übernahm, gehört Jörg Sasse zu der Generation, die durch ihren Mentor so sehr in den Bann gezogen wurde, daß man schon von einer »Düsseldorfer Schule« der Fotografie spricht. Andreas Gursky, Candida Höfer, Axel Hütte, Thomas Ruff, Thomas Struth und Petra Wunderlich entstammen neben anderen der Becher-Klasse. Einige von ihnen haben ihre Akzeptanz in der Museumswelt bereits fest etablieren können.

Seit Beginn der 60er Jahre hat das Ehepaar Bernd und Hilla Becher fast im Alleingang und entgegen der gängigen kunsthistorischen Diskussion ein umfangreiches Archiv anonymer Bauten der Industrie geschaffen: Arbeiterhäuser, Wassertürme und Gasbehälter, Kalk- und Hochöfen, Kohlebunker und Kühltürme, Silos, Kraftwerke und Hochspannungsmaste dokumentieren ein Stück Wirklichkeit, das bis zu dieser Zeit der Beachtung nicht wert erschien, auf jeden Fall als bildunwürdig galt. Wie Portraitaufnahmen wurden die industriellen Produktions- und Wohnstätten dokumentiert, isoliert und sachlich abgebildet, ohne den arbeitenden Menschen und ohne die gängige Inszenierung mit fotografischen Mitteln, derer sich die traditionelle Architekturfotografie bediente.

Auch die Schülergeneration ist auf das unspektakuläre Objekt gerichtet, bewegt sich auf dem Grat zwischen Dokumentation und autonomem Bildcharakter der Fotografie und behauptet sich dadurch als Kunst. Unabhängig von der unterschiedlichen Wahl der Motive liegt hierin der generelle konzeptuelle Ansatz. Der Kunstcharakter der Fotografie steht nicht mehr zur Debatte, ist selbstverständlich geworden. Zum Thema wird damit das Verhältnis von Abbild und Bild und zwischen diesen und dem Betrachter. Indem dieser sieht, was des Blickes nicht würdig ist, wird er zugleich damit konfrontiert, was denn sichtbar ist und was die Fotografie eigentlich zum Bild macht.

Jörg Sasse problematisiert semantische Zuordnungen und Sehgewohnheiten anhand der alltäglichen Dingwelt. In vorgefundenen Arrangements greift er allein mittels Ausschnitt und behutsamer Beleuchtung ein. Er schafft dadurch Zusammenhänge, bildet Situationen kühl kalkulierter geometrischer Ordnungen, Farb- und Material-Konstellationen oder semantische Bezüge. Das scheinbar vertraute Objekt, das Ein-Ordnungen vor dem Horizont von Konvention, Wissen oder individuellen Erinnerungen nahelegt, bekommt einen Eigen-Sinn, der ihm einen autonomen Bildcharakter verleiht.

Zu dieser Einsicht haben mich anregende Diskussionen mit Jörg Sasse geführt, woraus die Konzeption der Ausstellung und des Kataloges entstand. Ihm gebührt deshalb ganz besonderer Dank.

Ebenso kooperativ war die Zusammenarbeit mit der Galerie Tolksdorf, Hamburg, die das Unternehmen auf vielfältige Weise unterstützte.

Herrn Schirmer vom Schirmer / Mosel Verlag danke ich für die spontane Bereitschaft, den Katalog in dieser Konzeption und in dieser gelungenen Form zu drucken und in sein Verlagsprogramm aufzunehmen, Birgit Mayer, der Lektorin des Schirmer / Mosel Verlags, für ihre umsichtige Redaktion der Texte.

Mit dem Aufsatz von Thomas Lange wird dem Leser über meinen eigenen Beitrag hinaus eine weitere Möglichkeit des Zugangs zu einem Werk geboten, das bislang, da Jörg Sasse noch am Anfang eines Werdegangs steht, wenig kommentiert wurde. Auch ihm sei herzlich gedankt.

Gerda Breuer
Darmstadt, Januar 1992

Gerda Breuer
DIE WIRKLICHKEIT DER DINGE

Die Dinge sind vertraut: ein Teenagerkopfrelief mit Pferdeschwanz und Schmollmund, eine Gardine im Mondrian-Design-Verschnitt, ein geschwungenes Drahtkorbgestell für Obst, der röhrende Hirsch als Nippesfigur, selbstgehäkelte Topflappen, eine funktionale Badezimmerleuchte, eine Neckermann-Schleuder, Rauhfasertapeten, Styropor-Decken – die Chronologie deutschen Wohnalltags zwischen Wiederaufbau und beginnenden neunziger Jahren passiert versatzstückhaft Revue in den Fotografien Jörg Sasses. Raum und Zeit scheinen auf den ersten Blick identifizierbar, auch wenn Relikte aus früheren Zeiten eine neue Ordnung, ein neues Zueinander mit aktuellen Dingen eingegangen sind; nie nur stereotyp genormt, sondern von (nicht anwesenden) Menschen nach eigenem Sinn arrangiert; eine »stumme Ordnung«[1], taub gegenüber den Gesetzen des Designs, diesen in abgelagerter Form gehorchend. In den Dingen kreuzen sich Gesellschaftliches und Privates, Aktualität und Erinnerung: unspektakuläre Dinge deutschen Wohnalltags – ein Stück Wirklichkeit.
Wirklichkeit auch insofern, als die Motive für den Fotografen nicht arrangiert wurden, vorgefundene Objekte privaten Lebensraumes sind, ohne Kommentar dokumentiert erscheinen.
Als Wirklichkeitsgarant bürgt das Medium Fotografie. Es suggeriert, daß die Sprache der Objekte tatsächlich eine objektive ist. Der Fotograf tritt hinter die Aussagekraft des Faktischen zurück. Das Werk schließt die Handschrift des Künstlers im traditionellen Sinne aus.

I.

Man ist zunächst versucht, die Dekaden deutscher Alltagskultur der Nachkriegszeit vor dem geistigen Auge ablaufen zu lassen. Dann würde uns die »Zeitmaschine« in die fünfziger Jahre führen, in denen die Deutschen zwischen Aufschwung und Wirtschaftswunder neues Selbstbewußtsein dokumentieren. In der Adenauer-Ära des Kalten Krieges kommt man wieder zur Ruhe, Mickymaus sorgt für unbeschwerte Unterhaltung. Auf der nagelneuen Fernsehtruhe steht der unvermeidliche Nelkenstrauß, auf dem Nierentisch nebenan der Becher mit Salzstangen für den gemütlichen Fernsehabend. Die Freßwelle schwappt über in üppigen Präsentkörben und Cocktailpartys, die Hausfrau geht aus im schmeichelnden Nerzjäckchen, umweht von Tosca-Parfüm. Der Teenager kultiviert den Pferdeschwanz, der Rocker die Elvis-Frisur. Beide entkommen der Idylle auf dem Moped, während die Hausfrau das cremefarbene Service fürs Kaffeekränzchen auftischt und Alpenveilchen in die gute Kristallvase arrangiert.

Im deutschen Alltag der sechziger Jahre darf es von allem ein bißchen mehr sein. Von einer kurzen wirtschaftlichen Rezession unterbrochen, richten sich die Deutschen als nimmersatte Konsumenten im scheinbar grenzenlosen Wohlstand ein: Stereoanlage im Braun-Design, Tonbandgerät, Höhensonne, Geschirrspülmaschine, Tiefkühltruhe – ein größeres Auto, das sündhaft teure Krokotäschchen. Auf der Mattscheibe verunglücken Kosmonauten, Herzen werden verpflanzt, der Vietnam-Krieg tobt – seit Ende '67 in Farbe. Die APO beginnt, das selbstgefällige Meister-Proper-Establishment zu attackieren.

In den siebziger Jahren sinkt das Anschaffungsfieber, man ist gesättigt. Übriggebliebener Appetit wird durch Hometrainer, Heimsauna, Fahrräder und alles Zubehör der Gesundheits- und Trimm-dich-Welle gebändigt. Man bringt den Haushalt in Schuß, repariert. Eine Innerlichkeitskultur beginnt. Man strickt Pullover wieder selbst. Die eingekochte Marmelade stellt man wie Preziosen auf den rustikalen Kühlschrank neben den Biedermeierstrauß in der alten Suppenterrine.

In den achtziger Jahren kehrt man den Reichtum nicht mehr unter den Teppich, man gibt offen an und aus. Popper und Yuppies lieben alles, was überflüssig ist, denn anything goes, auch wenn das Leben teurer und postmodern geworden ist.

So oder anders könnte das rückerinnernde Vergegenwärtigen einer Zeitgeschichte aussehen, die in den Dingen abgelagert ist. Handelt es sich in den Fotografien deshalb um eine Archäologie der Alltagsdinge, re-cherchierend zu einer (beliebig erweiterbaren) Dokumentation zusammengestellt? Bevor wir eine Antwort auf diese Frage suchen, sei festgehalten: Wie auch immer die Intentionen des Fotografen ausgesehen haben mögen, sobald seine Fotografien den Anspruch erheben, Bilder, Werk, Kunst zu sein, nicht reines Ab-Bild, besitzen die Dinge über die Assoziation hinaus eine semantische Qualität, mit der »gehandelt« wird, die Teil einer ästhetischen Strategie ist. Wer Alltägliches im Bild verwendet, transportiert zunächst einige semantische Stereotypen.

Spielen wir deshalb noch andere Möglichkeiten der Annäherung an das Werk Jörg Sasses durch:

Da sich die Fotografien motivisch aus dem Repertoire billiger, schnöder Produktkultur und nicht etwa der Hochsprache des Designs rekrutieren, drängt sich der Gedanke auf, ob es sich nicht um eine entlarvende Darstellung kleinbürgerlicher Lebenswelt handelt. Ob nicht die Fotografien denunzieren im Sinne einer Kritik an der »Industriekultur«. Ob die abgebildeten Gegenstände nicht unter das Verdikt der Massenware fallen, deren Aneignung unterstellt, stereotypes Geprägtsein durch Meinungsmacher zu sein. Von Anfang an habe sich der Konsument immer das Falsche ausgesucht, das Abhängigkeit widerspiegelt und Ersatzfunktion für das individuell wie gesellschaftlich »Eigentliche« habe.

Die verständnisvolle Variante dieses Zugangs wäre dann die des behutsamen Beobachters vernachlässigter und verschütteter Lebensbereiche, aus der sich eine kritische Sozialgeschichte des Alltags gründen könnte. Über den Realismus der Fotografie, der bewußten Zurückhaltung des Kommentars, komme man dem »Widerstand des Besonderen« (Enzensberger 1962) auf die Spur, trachte danach, eine Produkt- und Gebrauchskultur der Unterschicht zu dokumentieren, die in »aller Angepaßtheit und Blindheit Beziehungsformen und Deutungsmuster erkennen läßt, die keineswegs von Auflösung, Entfremdung, Illusion, läppischem Konsum, Ratlosigkeit, Selbstverschleiß, Geschichtsverlust und Erstarrung in Konvention berichtet«[2] (Gert Selle). Besonders die »erzählerischen« Bilder Jörg Sasses, die den auf einen oder zwei Gegenstände reduzierten Ausschnitt erweitern zugunsten einer stärkeren Prosa von Gegenstandselementen – das Bild eines Wandarrangements aus Geweihen, einer Stadtansicht und Bierkrügen (Abb. S. 23) oder auch die Fotografie, die Papierflamingos im Pflanzentopf vor einer Gardine mit Op-Art-Muster zeigt (Abb. S. 47) – könnten diese Deutungen nahelegen.

Doch wird schnell deutlich, daß die reine semantische Zuordnung die Bilder allzuleicht in das Schubladensystem unserer Begrifflichkeit fallen läßt. Denn auch für den flüchtigen Betrachter gibt es in Sasses Werk von vornherein Irritationen, die durch Zuordnungen, Verbindungen, Ausschnitte entstehen. Die Wahrnehmung, die bis jetzt vor dem Horizont von unterschiedlichen Interpretationsangeboten abgelaufen ist – vom (Vor-) Bewußten, vom Auf- und Begreifen kultureller Codes, von Konnotationen, die mit den Gegenständen verknüpft sind –, bleibt stehen, wenn sie allein vom semantischen Erschließen geleitet ist. Doch die Ordnung der Dinge im Bild bekundet einen Eigen-Sinn, der durch diese Verfahrensweise der Wahrnehmung vordergründig bleibt. Über das Vertraute, Ein-Deutige wird allenfalls eine Verbindung zum Bild geknüpft, eine Annäherung. Beim näheren Hinsehen stellen wir Heterotopien fest, die das Sprechen austrocknen. Sie bestreiten die Möglichkeit einer gängigen Grammatik, lassen die Bildelemente in sich selbst verharren, die Kohärenz muß erst »gesehen« werden. Wir stoßen auf eine Wahrnehmung, die mit dem Faktischen spielt, um die Wahrnehmung des Faktischen zu evozieren. Nun nähern wir uns dem ästhetischen Gehalt der Bilder, das, was die Fotografie zum Bild, zum Werk, zur Kunst macht.

II.

Unter die Identitätsfläche der Konnotationen schiebt sich nun, bei genauerem Hinsehen, eine neue Ordnung der Wahrnehmung durch das Auge der Kamera: ein oder mehrere Kompositionsschemata, die sich zusammensetzen durch die Wahl des Motivs, die ihm inhärente Form und durch den Ausschnitt sowie die Beleuchtung.

Es bilden sich dadurch Gruppen von Bildern, die um bestimmte Wahrnehmungskonzepte kreisen, ohne systematisch oder gar vollständig sein zu wollen. Frühe Aspekte werden zum Teil wiederaufgenommen, erweitert, ergänzt oder ganz einfach konzentriert behandelt, so daß sich im üblichen Sinne auch keine Chronologie darstellen läßt. Es gibt kein Vor und Nach, keine Wertigkeit von Bedeutungen, sondern nur verschiedene Ausformungen prinzipieller Wahrnehmungs- oder Darstellungsformen.

Angefangen hat Jörg Sasse allerdings mit Schaufensterbildern, ein Motiv, das er immer wieder aufgreift und weiterverfolgt. Schon früh läßt sich deshalb sein Grundkonzept sehr deutlich erkennen: Im Foto »S-88-06-08 Gießen« (Abb. S. 91) bilden die locker drapierten Tapeten und Stoffe ein Liniengeflecht aus Diagonalen und Linienentsprechungen, die durch die Außenkanten des Stoffs, der Tapeten, durch ihre Lage im Schaufenster und ihre Muster aus Streifen sowie die Reihung eines Enten-Designs entstehen. Die weichen fließenden, gekrümmten Linien finden ihre Entsprechnung in der figurativen Form der kleinen Enten.
Im zwei Jahre früher aufgenommenen Bild mit den Badehauben (Abb. S. 95) korrespondiert die Reihung der übereinandergeschichteten Hauben mit den Diagonalen der weißen Halterungen, einer oberen grauen Leiste und der Ober- und Unterkante des Bildes. Das Lineare korrespondiert mit dem bunten, weichen, vielfältigen Badehaubenmuster, Linien und Materialien sind kontrapunktisch aufeinander bezogen.
Geradezu konstruktivistische Qualität erhalten diejenigen Bilder, in denen ein einzelnes Objekt abgebildet ist. Zum Beispiel in der Fotografie »W-90-04-08, Bad Salzuflen« von 1990 (Abb. S. 27) finden wir ein Motiv, einen Gegenstand, vor, der in der Bildmitte achsensymmetrisch, jedoch darin verschoben aufgestellt ist: eine Obstschale aus Draht. Das Drahtgestell läßt an Architektonisches denken, löst Vorstellungen an einen Brückenbau aus. Es ist achsensymmetrisch in die Bildmitte gestellt, so fotografiert, daß die Schnittkante zweier Flächen Vorder- und Hintergrund bilden (ein Raum ist ansonsten nicht angegeben, höchstens durch den Schattenwurf der Füße). Diese Schnittkante verläuft parallel und in gleichem Abstand zu den beiden tragenden Verstrebungen der Innen(hänge)fläche des Gestells. Die oberen Grenzen der tragenden Drähte ergeben zwei Winkel; sie bilden jeweils Diagonalen in gleichem Abstand. Sie kreuzen sich mit der Verbindungsstrecke am oberen Ende, so daß sie ein auf den Kopf gestelltes Dreieck bilden, das korrespondiert mit Dreiecken, die aus dieser Anordnung entstanden sind. Ähnlich miteinander spiegelbildlich korrespondierende Recht- und Dreiecke lassen sich vielfältig entdecken. Das gitterartige Ornament der Hängefläche könnte ein Pendant zur Holzmaserung der Standfläche und der Rückwand sein.
Die Regie des Sehens liegt nun nicht vor dem Objektiv, sondern im betrachtenden Auge. Das Kamera-Auge macht die Fotografie zum Werk, zum Bild. Die neue Referenz des Abbildes ist das Sehen. Es sind also Kalküle, Module, Konstruktionen der Wahrnehmung, die dem Werk einen eigenen Werkcharakter geben, einen ästhetischen Sinnkontext, der sie abhebt von der semantischen Identitätsfläche, mit dieser aber in Korrespondenz steht.
Nehmen wir weitere Beispiele. Die extreme Ordnung des rechten Winkels ist kontrapunktisch bezogen auf Irregularitäten, Ungeordnetes oder Zufälliges: In der kalten Badezimmerecke mit hellblauen Wand- und Badewannenkacheln, dem Terrazzoboden und der eckigen Neckermann-Schleuder (Abb. S. 17) herrscht der rechte Winkel vor. Die Gradlinigkeit wird unterstrichen durch die Parallelisierung von Außenkanten (Badewanne, Schleuder, Kachelfugen), die wiederum parallel zu den Bildbegrenzungen verlaufen. Dagegen bildet der Schlauch auf der Schleuder ein wildes Liniengewirr.
Ähnlich ergeht es dem Betrachter bei den vier übereinandergeordneten Lichtschaltern

und dem Türdrücker (Abb. S. 43), bei denen der vierte Schalter von oben »aus der Reihe tanzt«. Die Ordnung der durch einen gemeinsamen Plastikrahmen verbundenen Schalter wird aufgefangen und betont durch die Linearität und die drei rechteckigen Flächen von grüner Tapete, gelbbrauner Deckleiste, in der noch die Nägel in gleichem Abstand zueinander und zu den Schaltern angebracht sind, und die Rauhfasertapete. Kontrapunktisch gesellt sich der Reihung neben dem Lichtschalter ein eintrocknendes Wassertropfenrinnsal und ein Tapetenflicken unterhalb der Schalterreihe zu.
Ein ähnliches Prinzip ist im Bild mit der Rolladengurtrolle zu sehen (Abb. S. 39). In einer Ecke, die in ihrer Linearität die Vertikale betont und die Farbflächen der Hochkant-Rechtecke in grün, blau und grau, ist die Gurtrolle aus der Wand gerissen, ergibt mit ihrer Rundung und der schrägen Verdeckleiste zwei Elemente, die »aus dem Rahmen fallen«.
Dies ist auch der Fall in einem Bild (Abb. S. 79), in dem Wand, Fußleiste, Lüftungsschlitz, Kassettierung der weißgestrichenen Tür, Fußbodenbretter, Rohr ein Liniengerüst von Parallelen ergeben: Dadurch, daß die Tür geöffnet ist, werden zwar die Parallelen erzeugt und ihre Anzahl erhöht, die offene Tür gibt aber auch »den Blick frei« für die Irregularitäten eines Winkels und des gemusterten Linoleumbodens.
Mit Korrespondenzen spielt Jörg Sasse in einem Bild, das einen Schrank mit einer Nippes-Figur zeigt (Abb. S. 45). Die Ecke eines Wohn- oder Schlafzimmers, die sich durch einen Ausschnitt ergibt, ist beherrscht von Linien, Winkeln vor allem und wieder Parallelen. Eine Entsprechung ergibt sich zwischen dem geschwungenen oberen Sturz der Schrankfüllung mit dem Geweih, den Rundungen von Hals und Rücken einer Nippesfigur, eines Hirsches aus Porzellan.
Kontraste herrschen vor in einem Bild (Abb. S. 31), in dem ein Mädchenkopfrelief, das sich ziemlich genau auf die Zeit zwischen den fünfziger und sechziger Jahren datieren läßt, nicht etwa zusammen mit einem Nierentisch oder einen Strauß Seegras-Trockenblumen zu sehen ist, sondern mit einer sachlich funktionalen Badezimmerlampe. Figuratives und Sentiment kontrastieren mit Geometrie und Sachlichkeit. Das eckige Muster der Lampe mit dem Haar des Frauenkopfes, die Unwirklichkeit der Farbe – blaues Haar und schwarze Haut (ohne negroide Züge der Person) – mit dem jeder Konnotation abschwörenden Purismus der Rauhfasertapete und der »Bauhauswahrhaftigkeit« in der Lampe. Reines Sentiment (Nippes) steht reinem Nutzen gegenüber.
Eine besondere Vorliebe zeigt Sasse für Reihungen, parallele Linien, die deutlich werden in Heizkörpern, Jalousien, der Kannelierung von Säulen, in Kacheln, Bretterverschalungen, Dielenböden, auch in gerafften Vorhängen bis hin zum Häkelmuster von Topflappen.
Nahezu konstruktivistisch wirken die aufeinanderstoßenden Geraden im Bild »W-90-12-01, Bad Salzuflen« von 1990 (Abb. S. 65): Fünf verschiedene Wandelemente, fünf verschiedene Materialien und fünf verschiedene Strukturen treffen sich in einer Ecke, in der Wände und Decke zusammenstoßen. Styropor, Bretterverschalung und Mauerwerk sind Materialien, die nebeneinander- und gegeneinanderstehen. Die gleichmäßigen Linien der Bretter kontrastieren mit der alternierenden Ordnung von Mauerwerk und Deckenverkleidung, ein Kabel mit irregulärem Verlauf durchzieht das Bild von rechts nach links.

III.

Die Beispiele einzelner Kompositionsgruppen und Wahrnehmungsmodule ließen sich nahezu beliebig fortführen. Die Beschreibung sei hier abgebrochen. Zu sehr zwingt sie zu einer Art technischer Darstellung. Was der Augeneindruck auf einmal auffängt, wird zergliedert und bekommt den Anschein der planmäßigen Konstruktion.
Jörg Sasse, ein Konzeptualist? Ein Konstruktivist? Der rechte Winkel, das Emblem des Rationalen, regiert in der Tat. Dennoch steht das mathematische Gesetz, die Formel, hier nicht am Anfang, Grundmotive werden nicht formalisiert und von den empirischen Wirklichkeitsanlässen abgehoben. Es muß auch nicht lange an seine Herkunft aus der Klasse von Bernd Becher erinnert werden, wenn er Formen, Proportionen, Konstellationen aus der Anschauung und dem Umgang mit Alltagsdingen gewinnt: Bernd und Hilla Becher fotografieren ausschließlich Dinge jenseits der etablierten Hochkultur, zwar vertraut, jedoch bislang nicht als bildwürdig betrachtet, wie die anonymen Objekte und Bauten der Industriegeschichte mit ihrer eigenen funktionalen Logik – Hochöfen, Wassertürme, Fördertürme oder Häuserfassaden der heimatlichen Umgebung.
Der Horizont, vor dem sich die künstlerische Argumentation bewegt, ist – generell gesprochen – der fundamentale Code einer Kultur, die gleich zu Anfang für jeden Menschen die empirischen Ordnungen und damit die Wahrnehmungsschemata regelt. Es gibt aber Bereiche an der Peripherie dieser Ordnung oder in deren Zwischenräumen, die nur vermittelt, nur in Teilen oder einfach schwieriger zu erkennen sind. Dann verlieren die primären Codes ihre Selbstverständlichkeit, man stellt fest, daß diese Ordnungen vielleicht nicht die einzig möglichen sind. Dann können sie Seh-Erwartungen durchkreuzen und mit Hilfe des ästhetischen Gehalts eines Bildes zu einer neuen, eigenständigen Wahrnehmung führen. Das Bild transportiert dann nicht mehr, was man erwartet, um es zu bestätigen, sondern stärkt das Sehen selbst. Drei Seins-Dimensionen, die den ästhetischen Gehalt bedingen, überlagern sich, die Wirklichkeit des Vorgefundenen (die Spezifik des Faktischen), der Eingriff des Fotografen und die Wahrnehmung des Betrachters.

IV.

Vielleicht besteht darin, daß in der Fotografie die Wahrnehmungsformen angesichts der größeren Abbildhaftigkeit von Wirklichkeit, die diesem Medium unterstellt wird, viel subtiler behandelt werden können als in der traditionellen Kunst, deren Attraktivität heute für Künstler. Diese nutzen darüber hinaus den Alltagsgegenstand, um über das scheinbar Vertraute die Erwartungen des Betrachters zu problematisieren.
Die Kunstentwicklung der letzten Jahre hat dies gezeigt: Nach der heftig expressiven Malerei der achtziger Jahre beschränken sich viele Künstler wieder auf eine Zurückhaltung des Malgestus und auf das Alltägliche. Katharina Fritsch bot beispielsweise schon früh per Katalog ein ganzes Warensortiment an, Jeff Koons nobilitiert Staubsauger in

ausgeleuchteten Glasvitrinen oder orientiert sich am Nippes kleinbürgerlicher Wohnzimmer. Reinhard Mucha, Franz West, Siegmar Polke, Anna und Bernhard Blume, Bernhard Härtter wären neben vielen anderen zu nennen. Es sind vor allem bekannte Alltagsdinge, die – mal leicht verfremdet, mal karikierend, umfunktioniert oder einfach kommentarlos dargeboten – zum Vokabular ihrer Kunstsprache gehören.
Wie bei ihrem geistigen Vater Marcel Duchamp, der ein Urinoir oder einen Flaschentrockner zum Kunstwerk erklärte, sind sie auf grundsätzliche Reflexionen über Kunst aus. Auch die Kubisten reflektieren mit den Realitätsversatzstücken, die Surrealisten mit den Objets trouvés, über Unmittelbarkeit und Formverzicht, vor allem erkenntnistheoretische Fragen. Kommen Alltägliches und das Medium Fotografie zusammen, entwickelt das Zusammenspiel in besonderer Weise erkenntnistheoretische Kraft: Bild und Abbild scheinen identisch, Zeichen und Bezeichnetes, Erscheinung und Realität deckungsgleich. Beides wird zum ästhetischen Verfahren: Dadurch, daß der Gegenstand jenseits der künstlerischen Sprache sich selbst zum Zeichen wird, werden die Grenzen zwischen dem Fiktionalen und dem Faktischen fließend. Der Betrachter ist dann auf das Sehen selbst und das Sehen von Wirklichkeit stärker zurückgeworfen. Wahrnehmungsformen, Wahrnehmungsklischees gar, werden problematisiert.

ANMERKUNGEN

1. Michel Foucault: *Die Ordnung der Dinge,* Frankfurt a. M. 1990
2. Gert Selle und Jutta Boehe: *Leben mit den schönen Dingen*, Reinbek bei Hamburg 1986

PAGE

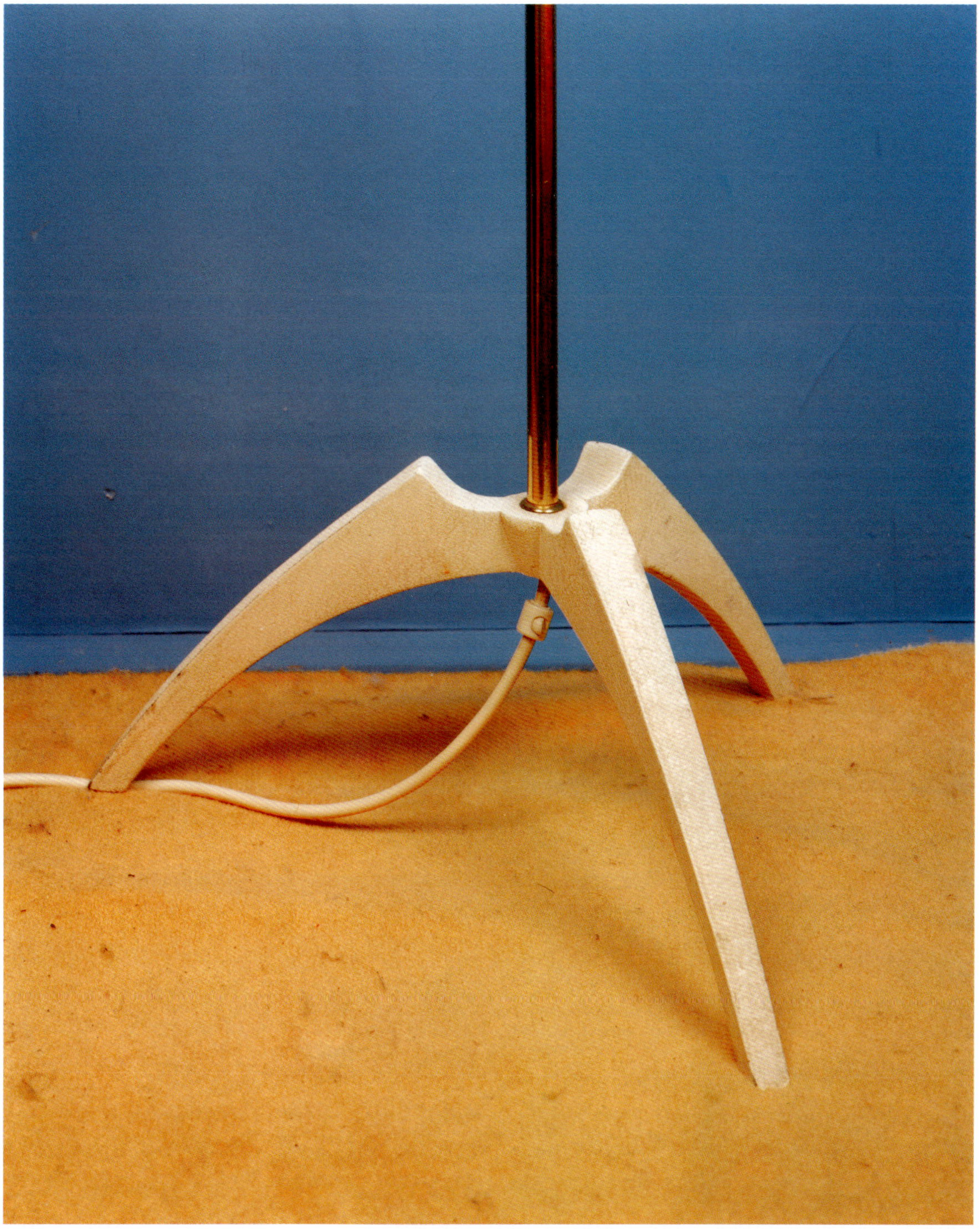

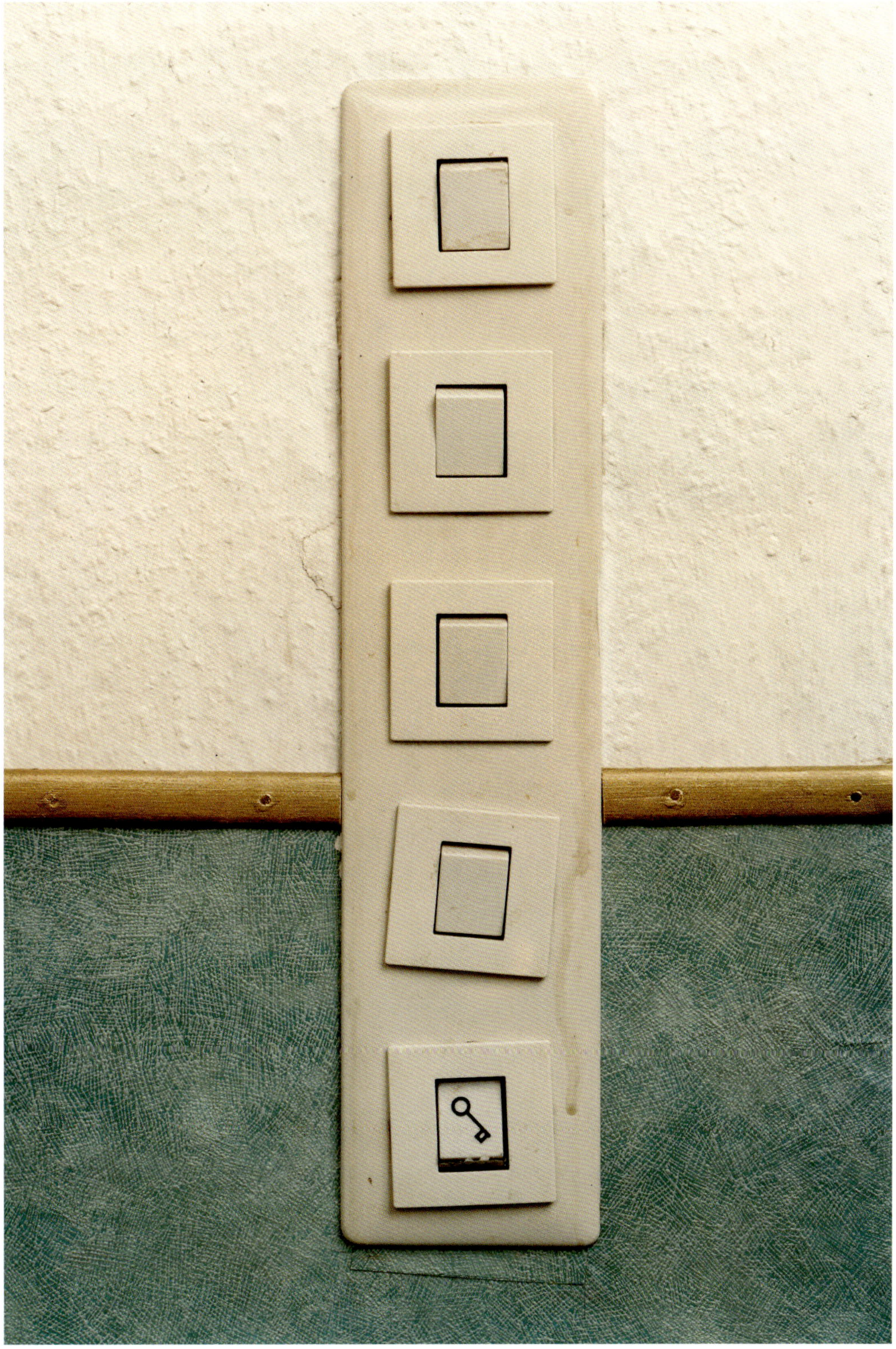

fashy
BADEHAUBEN

Thomas Lange

ZUR SACHE. SEHEN.

Sasses Fotografien zeigen Gegenstände des Alltagsgebrauchs, wie sie uns begegnen in Schaufensterdekorationen, Wohnungen, öffentlichen Gebäuden oder an ähnlichen Orten. Sie wurden so vorgefunden, nichts ist eigens arrangiert oder inszeniert worden. In den Fotografien begegnen uns diese Gegenstände wieder. Kein technischer Eingriff scheint sie verzerrt oder verfremdet zu haben. Was sie zeigen, kann erkannt und benannt werden: Frauenkopfrelief unter einer Badezimmerlampe (Abb. S. 31); Tischrund mit Musterdecke vor Sonnenuntergangsfototapete, dazwischen die Lehne eines Stuhls (Abb. S. 73); weiße Lamellendecke über Neonlampe an grüner Wand, zwei weiße Strukturmauern links und rechts davor (Abb. S. 81); weiße Tür mit braunem Lüftungsschlitz, roter Holzboden, blauer Türrahmen, weiße Rauhfaser, Linoleumboden hinter bzw. unter der Tür (Abb. S. 79).

Das erste, orientierende Benennen dessen, was diese Fotografien zeigen, ist nicht so unproblematisch, wie es anfangs schien. Die fotografierten Objekte lassen sich im Fall des Frauenkopfes und der Badezimmerlampe zunächst noch als von ihrem Umfeld isoliert verstehen, d. h. »abgebildet« als diese Gegenstände begreifen, als Gegenstand, d. h. als Referent auch des Fotos. Das aber ist schon in den nächsten Bildbeispielen nicht mehr so eindeutig sagbar. Hier steckt ein erster und ernstzunehmender Hinweis auf die Problematik der Arbeiten. Hier tut sich ein Spalt auf, der im Text als offener angenommen und offengehalten werden soll: die Verweigerung schon des ersten Sprachanlaufs, der ordnenden Typisierung, des Be-greifens. Dort, wo die Sprache (nicht aus Unvermögen des Sprechenden) viele Worte braucht und wenig aussagt, ist eine Grenze angerührt, an der Verstehen zur Aufgabe wird. Das beschreibende Erfassen der Gegenstände trägt ein Umschreiben ihres Zueinanderstehens auf der Fotografie mit sich. Konnte mit dem ersten Beispiel der Gegenstand des Fotos einfach benannt werden, so hat sich in den darauffolgenden der Akzent des Benennens verschoben, hin zu einer komplexeren verbalen Erfassung, die zunehmend den örtlichen und räumlichen Verhältnissen der Gegenstände zueinander Rechnung zu tragen sucht.

Zu sagen, Sasse fotografiere diese und jene Gegenstände, ist zwar eine richtige, doch sehr eingeschränkte Aussage. Auch ist die Feststellung, er fotografiere Alltagsgegenstände in geschlossenen Räumen, sicherlich zutreffend, als thematische Annäherung ist sie wenig geeignet, einen Zugang zu den Arbeiten zu eröffnen. Das bisher Beobachtete gibt eine Reihe Fragen auf. Was liegt hier für ein Verständnis von den Gegenständen vor, die in der Alltagswirklichkeit vorgefunden und ohne offensichtliche Manipulation abgelichtet worden sind? Was liegt hier für ein Verständnis von den Fotografien vor, die diese Gegenstände zum Gegenstand haben?

Erst die Begegnung mit der einzelnen Arbeit kann dieses Fragen vertiefen.

Vor einer weißen Tapete ist horizontal eine längliche, weiße Badezimmerlampe angebracht. In einigem Abstand darunter hängt ein Frauenkopfrelief. Der Kopf ist schwarz, die zu einem Zopf zusammengebundenen Haare sind blau, der Mund ist rot bemalt. Diese Gegenstände in dieser Konstellation befinden sich auf einem Foto Jörg Sasses. Es trägt den Titel »W-90-02-01, Gießen 1990« (Abb. S. 31). Die Fotografie zeigt die beiden Gegenstände frontal, die weiße Tapete ist Hintergrund, die Wahl des Ausschnitts läßt den Ort, an welchem diese Gegenstände vorgefunden wurden, außerhalb des Fotos. Weiße Tapete, Badezimmerlampe, Frauenkopfrelief. Die erste Konfrontation mit dem Foto führt den Beschauer an die Gegenstände heran. Was da zu sehen ist, kann ohne Umschweife erkannt werden. Mit dem Erkennen der Gegenstände geht das Benennen einher: weiße Tapete, Badezimmerlampe, Frauenkopfrelief.

Was können wir über die Gegenstände sagen, die wir auf diese Weise erkennend benennen?

Die Badezimmerlampe, 60er-Jahre-Design, Funktionalität und Formstrenge, links der quadratische Schalter. Frauenkopfrelief, bemalter Ton, zu datieren zwischen Mitte 50er bis Anfang 60er Jahre, industriell hergestellte Massenware, darin der Badezimmerlampe verwandt. Weißgestrichene Tapete – vielleicht Atemholen nach der Buntmusterflut der 70er Jahre. Diese Gegenstände scheinen Spiegel ihrer Zeit, sagen von Geschmack und Vorlieben, ihr Arrangement mag die Geschichte des Versuchs erzählen, mittels hausbackener Kreativität und zeitgeschichtlicher Vorgaben ein Stück Wohnfeld zu verschönern, der Funktionalität der Beleuchtungsquelle ein Gegengewicht zu setzen. Mit diesem Sagen über die Gegenstände zeugt diese Fotografie von einem Stück Wohnalltag – einzuordnen irgendwo zwischen Nachkriegszeit und beginnende 90er Jahre. (Der Titel verweist auf das Aufnahmejahr: 1990.) Das Sagen von den Gegenständen wird unversehens zu einem Sagen über die Fotografie: sie ist Dokument von Alltagswelt, sie bildet ein Stück Wirklichkeit ab, kalt, ohne zu interpretieren, ohne zu kommentieren.

Wer das der Fotografie nachsagt, irrt. Irrt, wenn er sich nicht klarmacht, daß das hier vorgeführte Sagen ein Sagen von den Gegenständen ist, die die Fotografie zweifellos zeigt. Dieses Sagen von den Gegenständen jedoch könnte ebenso am Ort ihrer Ablichtung stattfinden, könnte Gespräch sein angesichts dieser Konstellation an der Wand. Damit ist nicht der Fotografie als Bild Rechnung getragen.

Wie konnte das geschehen? War nicht ausdrücklich das Foto Anlaß und Ausgang der Überlegung? Um diese Fragen zu beantworten, muß noch einmal dem bisherigen Weg des Denkens aufmerksam nach-gedacht werden.

Das Fragen nach der Fotografie stieß unvermittelt auf den Referenten, auf die Gegenstände, die das Foto zu sehen gibt. Diese konnten sogleich als Gegenstände der Alltagswelt erkannt und auch so benannt werden, aber schon mit diesem Schritt wurde die Frage nach der Fotografie zur Frage nach den Gegenständen. Das Sagen von den Gegenständen aber im erkennenden Benennen erweiterte nicht die Erkenntnis über die Gegenstände als Gegenstände. Sie bekamen Namen, sie selbst aber blieben stumm. Die Frage wandelte sich unbemerkt ein weiteres Mal. Was im Benennen erfahren werden konnte, war ein Erinnern, ein Anknüpfen an Vorgewußtes. Das liegt jenseits der Gegenstandsbezeichnung, als Kulturgut, Konvention, Wissen um Geschichte und Geschichten. Von der Fotografie zu den Gegenständen, von den Gegenständen zu deren Geschichte, zu einem Stück Kulturgeschichte, vermischte Erfahrungen aus persönlichem und kollektivem Wissen: ein solches Vorgehen ist an der Fotografie vorbeigegangen und hat sie stillschweigend verleugnet.

Die Annäherung an die Fotografie selbst fordert eine ihr gemäße Haltung. Die eingangs gestellten Fragen müssen neu formuliert werden. Nicht das »*Was* sagen die Gegenstände auf dem Foto?« eröffnet einen Zugang, sondern das »*Wie* zeigt das Foto diese Gegenstände?«. Damit ist das Sagen der Fotografie von sich als Bild gefragt. Das Bild sagt dieses in seiner ihm eigenen Sprache. Dieser Sprache muß nachgegangen werden. Dem Hören auf die Sprache des Bildes macht das Bild selbst ein ihm wesensmäßiges Angebot – ein Sehangebot.

Wie also zeigt das Foto die Gegenstände?

Die Wahl des Ausschnitts (*Ausschnitt:* Ausschneiden aus der Wirklichkeit, Abschneiden der Bezüge zur Wirklichkeit, Herausheben aus ursprünglichem Kontext, Isolieren vom Zusammenhang, Auf-sich-gestellt-Sein des Ausgeschnittenen) legt das Zueinander der Bildgegenstände untereinander, zu den Bildgrenzen des Gevierts oben und unten, links und rechts fest. Damit gibt sie dem Auge des Beschauers auch die Gesamtpräsentation der Konstellation vor: sowohl die Lampe als auch das nach links gewendete Halbprofil des Frauenkopfes zeigen sich frontal. Die mittels Augenmaß getroffene Komposition ist nicht mathematisches Konstrukt, doch in ihrer Maß-Nahme nicht weit davon entfernt. Der Verlauf der Lampenoberkante parallelisiert den oberen Bildrand, die Abstände zwischen Lampenoberkante und oberem Bildrand sowie zwischen Halsabschluß des Kopfes und unterem Bildrand sind identisch. Gleiches gilt für die Abstände zwischen linker und rechter Seitenkante der Lampe zu den jeweiligen Bildbegrenzungen links und rechts. Und auch der Abstand zwischen Lampenunterkante und abschließendem Haarkontur nimmt das Maß der Dingabstände zum oberen bzw. unteren Bildrand auf. Sowohl das Zueinander der Bildgegenstände als auch ihr Verhältnis zu den vier Bildbegrenzungen ist durch diese kompositorischen Maßnahmen untereinander geregelt und damit zu einem unlösbaren Ganzen verknüpft. Das Foto bildet diese Gegenstände nicht ab, sondern organisiert sie erst, auf sich bezogen, neu. Tapete, Lampe und Kopf, jetzt begriffen als Bildelemente, sind als solche Teile der Planimetrie des Bildes. Ein genaues Hinsehen aber eröffnet mehr. Der frontalen Regelung der Bildelemente steht die Sicht des Kamera-Auges entgegen. Der Lampenquader zeigt drei Seiten: die Unterseite, die linke Seite und die Front. Oberseite und rechte Seite sind so ins Bild gesetzt, daß jeweils ihre Kante, der Konturverlauf der Frontseite, sichtbar ist. Die Optomechanik der Balgenkamera schafft mit ihrer Möglichkeit der unabhängigen Achsenverschiebung von Objektiv und Bildplatte die Voraussetzung zur Realisation dieses Widerspruchs: Frontalität der Bildgegenstände und zugleich Untersicht von links. Diese mittels der Kamera von den Dingen präsentierte Sicht ist Ergebnis des Vorgehens Sasses. So, wie die Gegenstände hier innerhalb des Ausschnitts gesetzt sind, können sie nicht am Ort ihrer Aufnahme mit dem bloßen Auge erfahren werden. Damit sind die Gegenstände der Alltagswirklichkeit enthoben und in eine neue, nur vor dem Foto zu erfahrende Wirklichkeit gerückt. In die Wirklichkeit des Bildes. Neben ihrer Position innerhalb der Planimetrie des Ausschnitts sind sie auch als plastische Körper vor dem weißen Hintergrund ablesbar und aufeinander bezogen. Das Freilegen ihres Wesens als diese Bildwerte öffnet den Blick für strukturale und formale Korrespondenzen: die chaotische Struktur des Haarschopfes findet ihren Widerpart in der geregelten Organisation des Lampenglases. Plötzlich enthüllt sich die Konstellation als in keinster Weise beliebige: die Untersicht von links ist bestimmt von der Halbprofilvorgabe des Kopfes. Die sichtbare, dem Beschauer zugewandte linke Gesichtshälfte findet ihre Entsprechung in der sichtbaren linken Seite des Lampenquaders. Doch sind sie damit nicht zugleich von der Wandfläche und der Flächenplanimetrie isoliert. Die Untersicht von links läßt ein größeres Stück unbemalte Tapete rechts neben dem Lampenquader nahezu verschwinden, so daß der »Grund«, das Weiß der Wand, in der Kontinuität gehalten bleibt. Das Fehlen der Aufsicht auf die Oberseite des Lampenquaders birgt die Plastizität zurück in die Fläche. An dem schmalen Grad, markiert durch die gerade noch als dünne Linie sichtbare Staubschicht auf der Lampenoberseite, enthüllt sich die Logik des Beziehungsgeflechts der Bildelemente.

Die hier vorgeschlagene und am Beispiel durchgeführte Leseweise der Fotografie ist ihr unter anderen Voraussetzungen begegnet: Das sehende Sehen hat die Fotografie Sasses als Bild angenommen. Das Hören auf die Sprache des Bildes hat jetzt anderes enthüllt: Das Bild verweist auf sich. Zeigt sich als Gemachtes, als aus einem Arbeitsprozeß Hervorgebrachtes. Die Gegenstände (die Referenten des Fotos) haben sich gegenüber der zunächst vorgeschlagenen Leseweise in einem Aspekt enthüllt, der sie als Bildelemente ausweist und damit ihrer wie immer zuzutragenden inhaltlichen Aspekte entkleidet. Dabei ist der »Durchgang durchs Material« – also über das Medium Fotografie – vorgestellt, aber noch nicht eigens bedacht worden. Darüber hinaus ist die Frage nach der Gewichtung der beiden Leseweisen noch offengehalten. Immerhin kann für dieses Bildbeispiel die Überlegung zutreffen, jene kompositorischen, jene bildsyntaktischen Maßnahmen dienten der Präsentation eben jener Gegenstände, mithin seien diese Gegenstände weiterhin das Gemeinte. Das *Ins-Bild-Setzen* des Alltagsgegenstandes bedarf der genaueren Untersuchung. Ein weiteres Bildbeispiel muß befragt werden, um den »springenden Punkt«, an dem das Abbild des Alltagsgegenstandes umspringt und seine Qualitäten als Bildwerte geltend macht, genauer zu fassen. Die Arbeit trägt den Titel »W-90-12-04, Bad Salzuflen 1990« (Abb. S. 73). Sie zeigt eine Fototapete mit Sonnenuntergang, ein Tischrund mit einer Musterdecke, dazwischen die Lehne eines Stuhls. Keiner der hier genannten Gegenstände ist als ganzer zu sehen. Tapete, Tischrund und Stuhllehne sind angeschnitten. Die Sicht auf den Grund, auf dem Tisch und Stuhl stehen, ist verwehrt. Keiner der drei Gegenstände ist gegenüber den anderen herausgehoben, so daß nicht gesagt werden kann, dieser oder jener sollte mittels der Fotografie präsentiert werden. Obwohl der Ausschnitt, den dieses Foto zu erkennen gibt (der dieses Foto ist), offensichtlich ein Tisch-Stuhl-Tapeten-Ensemble zeigt, sind diese

Gegenstände so eng aufeinander bezogen, ist das in allen Teilen stark beschnittene Ensemble so begrenzt aufgefaßt, daß sich keinerlei Hinweise auf den Ort vermitteln, an dem sie vorgefunden wurden.
Die einzig bisher positiv zu nehmende Feststellung betraf das enge Aufeinanderbezogensein der Gegenstände trotz ihrer fragmentarischen Präsentation innerhalb des Ausschnitts. Dieser Hinweis gibt aber schon ein Fragen vor, welches die zweite Leseweise dieser Fotografien betrifft. Er verlangt ein Fragen nach dem »Wie zeigt das Foto diese Gegenstände?«. Weiter oben bereits wurde gezeigt, inwiefern diese Frage zu präzisieren ist: Wie werden diese Gegenstände ins Bild gesetzt, und welche Auffassung vom Alltagsgegenstand (wie wird er begriffen) scheint in diesen Arbeiten auf?
Der Annäherung jenseits des begrifflichen Bedenkens und Einlösens des Gesehenen begegnet ein Farbzusammenhang, der alle Gegenstände verbindet: Gelb-, Orange- und Brauntöne tragen den ersten Gesamteindruck des Bildes. Diese Farbübereinstimmung ist erst der Ausgangspunkt, der Anknüpfungspunkt, wenn man so will, für die Realisation der Bildfindung. Mittels der Aufsicht auf das Tischrund sowie des Überschneidens von Tischkante und Fototapete aufgrund der erhöhten Kameraposition werden zwei Ebenen, Wandfläche (Fototapete) und Tischrund (Mustertischdecke), die in der Realität im 90°-Winkel und mit einigem Abstand zueinander stehen, auf einer Ebene vermittelt. Diese Ebene, der sie eingeschrieben werden, ist die zweidimensionale Fläche des Bildes. Sie ist Teil des Ausgangsmaterials, welches sowohl die zu fotografierenden Gegenstände und ihr Zusammenstehen in der Realität umfaßt als auch die von Sasse eingesetzten fototechnischen Mittel, von der Balgenkamera auf dem Stativ bis hin zur künstlichen Lichtquelle. Wie werden die beiden Ebenen, Wandfläche und Tischrund, der zweidimensionalen Fläche des Bildes eingeschrieben?
Sasse benutzt zwei identische Strukturmerkmale der nicht identischen Gegenstände Fototapete und Tischdecke, um sie als Bildelemente logisch aufeinander zu beziehen: die Reflexionsspur der untergehenden Sonne auf dem Wasser wird in ihrem senkrechten Verlauf fortgesetzt im Muster der Tischdecke über deren mittlere Rosette hinaus zum unteren Bildrand. Die farbliche Annäherung sowie die strukturale Ähnlichkeit der in zwei verschiedenen Gegenständen vorgefundenen Spuren werden als Bildelemente benutzt, um die Wirklichkeit umzusetzen in eine nur vor der Fotografie zu erfahrende Bildwirklichkeit. Das Verhältnis von Fototapete und Musterdecke ist aber noch einmal um eine Dimension komplexer. Das erste Strukturmerkmal, die zu einem Bildzeichen umgesetzte Spur der Fototapete, ist zugleich, da es sich um die Fotografie eines Sonnenuntergangs am Wasser handelt, Spur der Lichtreflexion der in Sasses Ausschnitt nicht zu sehenden untergehenden Sonne. Zugleich aber ist – innerhalb des Gültigkeitsbereiches Fototapete – diese Lichtspur wesentliches Element der räumlichen Illusion, die diese Tapete vorgibt. Die Lichtspur erfährt nun durch ihre strukturale Fortsetzung im vertikalen Verlauf des Tischdeckenmusters eine Verlängerung, die drei Wirklichkeitsebenen umspannt: die der räumlichen Illusion auf der Tapetenlandschaft, die des räumlichen Verhältnisses von Fototapete als vertikaler Wandfläche und Musterdecke als horizontaler Tischfläche und die Vermittlung und Auflösung beider in der Bildwirklichkeit dieser Arbeit. Das Ergebnis dieser Maßnahme ist: das räumliche Verhältnis von Tisch und Wand

wird aufgehoben, beide werden in bezug auf die Bildfläche im Zueinander als flächig erfahren, lassen sich aber auch und zugleich als Ineinandervermittlung und Aufnahme der durch die Sonnenlichtspur suggerierten Flucht »nach hinten« lesen. Es ist das bewußte Hereinholen einer weiteren Vorgabe der Fototapete in die Logik der Bildsyntax, die beide Leseweisen eröffnet: ein optisch bedingter »Fehler« im Fototapetenmotiv. Ein roter, kreisrunder Lichtreflex auf der Kameralinse. Dieser zeigt sich auf der Fototapete innerhalb der Sonnenlichtspur und ist von einem Durchmesser, der annähernd der Breite derselben entspricht. Der Lichtfleck erhält die Funktion eines Angelpunktes, an dem die Blickführung und Ebenenvermittlung, welche Bezug nimmt auf die Raumillusionsvorgabe der Sonnenreflexionsspur, aufgestört wird und sich fortsetzen kann als vertikale, der realen Bildfläche parallele Blickführung. Der rote Reflexionskreis ist als nicht gegenständlich einzulösendes Bildelement nicht einbegriffen in die raumillusionistische Vorgabe des Tapetenmotivs. Als nichträumlicher, nichtkörperlicher Farbkreis ist er unmittelbar bezogen auf die Bildfläche des Fotos. Zugleich erfährt er als Bildelement Bezugnahme auf das Rund der Mittelrosette der Tischdecke. Damit wird die Raumillusionsvorgabe der Fototapete zurückgenommen, die Fototapete wird als strukturierte Fläche auf die Flächenvorgabe des Musterdekors bezogen. Der unmittelbare Bezug von Tischdeckenmuster und Fototapete ist durch eine weitere Maßnahme gegeben. Das Tischdeckenmuster füllt im rechten, unteren Bereich die Bildfläche ganz aus. Die Bildbegrenzungen begrenzen hier auch das Tischdeckenmuster. Musterdekor und Bildfläche sind also an dieser Stelle identisch. Ebenso ist auch der Ausschnitt der Fototapete darüber bildflächenparallel zu lesen. Denn entsprechend dem Verhältnis von Mustertischdecke und den Bildbegrenzungen unten rechts ist die Fototapete mit den Bildbegrenzungen oben rechts identisch. An dieser Stelle ist Vorsicht geboten. Die beschreibende Analyse kann der Komplexität des zu Sehenden nicht nachkommen. In der sukzessiven Bewegung der Sprache ist der Lichtfleck herausgehoben und zu einem wesentlichen Funktionselement der Ebenenvermittlung geworden. Doch erst das simultane Ineinanderspiel unterschiedlicher Faktoren (horizontale Strukturen der Fototapete, Krümmung des Tischrunds etc.) leistet das hier zu zeigen Gesuchte. Die Logik der Sprache kann das Umspringen des zu Sehenden – das Geschehen –, das damit einhergehende schlagartige Einsichtig-Werden gegensätzlicher Verknüpfungen, die in nicht-hierarchischem Verhältnis zugleich nebeneinander stehen, nicht mehr bewältigen. Darum muß die Sprache wieder Abstand nehmen von der eigentlichen Erfahrung. Sie kann nur die Faktoren ansprechen, erläuternde Hinweise geben, dem Auge des Ungeduldigen das Hinsehen nahelegen. Wiederum wird mittels leichter Achsenverschiebung von Objektiv- und Bildplattenebene die vertikale Bewegung der beiden Strukturen von Fototapete und Musterdekor parallel zum rechten Bildrand gesichert. Mit einer Kamera, welche, bedingt durch die fixe, zueinander parallele Stellung von Objektiv und Bildplatte nur die starre Zentralperspektive kennt, hätte man diese Ausrichtung nur durch die Aufnahme dieses Verlaufs genau in der Mittelsenkrechten (Mittelachse) des Fotos erreicht. Dann aber läge ein anderer Ausschnitt, damit ein anderes Foto vor. Sasses Umsetzung des Vorgefundenen mittels der Optomechanik seiner Kamera ist abzulesen an der nach hinten links fluchtenden Horizontalen des Tischdeckenmusters, welches in der Realität im 90°-Winkel zur Senkrechten steht. Daß

dieses nicht der Fall ist, ist keine notwendigerweise in Kauf genommene Unstimmigkeit, sondern Schlüssel, in diesem Fall Blickzeichen, Blickführung zu einer weiteren und nicht minder für das Gesamt des Bildes entscheidenden Maßnahme. Links nämlich wird die Raumsituation des Ensembles sichtbar durch zwei nicht-farbige Elemente: ein Stück freie Wand unterhalb der Fototapete und die Lichtreflexe auf der Stuhllehne. An diesen Stellen kippt die Flächigkeit der rechten Bildhälfte um in die Räumlichkeit der linken. Dieses Herausheben und Umformulieren des Gegebenen durch die Wahl des Ausschnitts und des Einsatzes künstlichen Lichts, läßt die linke Bildhälfte gegenüber der rechten exakt ab der Mittelsenkrechten entschieden anders erfahren.
Ausschnitt und Lichtführung sind so gewählt, daß die räumliche Situation auf dem Foto erst als räumliche Situation erkennbar wird. Das, was in der Wirklichkeit sofort erkannt werden kann – die räumliche Verortung der Gegenstände –, ist auf diesem Bild erst Ergebnis seiner Konstruktion. Der Bogen des Tischrundes überschneidet den unteren Rand der Fototapete und gibt den Blick frei auf ein Stück weiße Wand unterhalb der Fototapete. Im Zeigen des weißen Stückchens Wand wird dieses zu einem Bildzeichen, welches sich als weißer Keil zwischen Tisch, Stuhllehne und Tapete schiebt. Als Bildzeichen hat es die Funktion, den Farbzusammenhang an dieser Stelle aufzulösen und so die Ebenen herauszustellen, in denen sich die Gegenstände wieder voneinander scheiden. Die Lichtreflexe auf der Stuhllehne schließlich bezeugen, indem auch sie den Farbzusammenhang lösen, dieselbe erst als Körper, der sich zwischen Tapete und Tisch befindet. Obwohl diese Arbeit zwei unterschiedliche Raum-Fläche-Verhältnisse mittels ihrer linken und rechten Bildhälften zeigt, bricht das Bildganze nicht etwa auf. Die so zueinander als Bildelemente ins Bild gesetzten Gegenstände geben selbst eine Blickführung vor, die zum einen beide Extreme einander vermittelt, zum anderen den Blick, das Sehen, an keiner Stelle aus dem Bild entläßt. Über die Mittelrosette des Tischdeckenmusters kann der Blick aus der Flächigkeit der rechten Bildhälfte herausgeführt werden in die räumlichen Verhältnisse links. Von dort wird er geleitet vom Kreisbogen des Tischrunds heraus aus der räumlichen Verortung hinein in die Flächenverhältnisse der rechten Bildhälfte. Die Bildelemente sind so entschieden als Bausteine des Bildganzen begriffen, das Bildganze wiederum ist so genau konstruiert, daß die Blickführung auch den umgekehrten Weg zu gehen gestattet, ohne dabei das Bildganze aufbrechen zu lassen oder ein Ineinandervermitteln der beiden Bildhälften zu verhindern.

Die bis hierher geführte Analyse suchte die Vernetzung der Gegenstände auf der Bildfläche zu verdeutlichen. Dabei mußte in einer komplexen Sprachbemühung herauspräpariert werden, daß dieses nur unter der Bedingung einer Umsetzung der vorgefundenen Gegenstände in Bildzeichen (-elemente) funktioniert. Das hierbei von dem Bild Geleistete ließ die Beschreibung an ihre Grenzen stoßen. Die Komplexität des Ineinandergreifens der Bildelemente, wie sie jene Stelle zwischen Tischrund und Wand dem Auge simultan erfahrbar macht, ist ungeheuer. Sie ist ungeheuer, weil die Sprache der Bildanalyse der Erfahrung des Sehens nicht nachkommen kann. Mit dem Scheitern des sprachlichen Zugriffs steht das Bild als Gegenüber und bleibt offen als nicht zu Bewältigendes. Das Ergebnis dieser Analyse konnte die im Anschluß an das erste Bildbeispiel aufgeworfene Frage, inwiefern das Zeigen der Gegenstände mit den Mitteln der Fotografie die Gegenstände selbst noch meint, in einer bestimmten Richtung erhellen. Die Gegenstände haben sich in einem anderen Licht gezeigt. Die Fotografie zeugt von diesen Gegenständen auf eine ihr selbst eigene Weise. Sie hat ihnen eine Umsetzung angetragen, die sie ihrer Kontexte, in denen sie uns in der Alltagswirklichkeit begegnen, enthebt. Die Umsetzung selbst aber bedient sich der Eigenschaften und Qualitäten, welche den Gegenständen abgesehen werden können und nimmt diese als Material und Mittel zur Bildkonstruktion. Das sehende Sehen nimmt die Referenten, die Gegenstände, als Elemente innerhalb der Logik des Bildgefüges. Der Antrag an die Gegenstände der Alltagswirklichkeit ist kein erkennendes Verstehen mehr, sondern ein wahrnehmendes Erfahren ihrer primären Qualitäten, der Beschaffenheit ihrer Oberflächen, der Strukturen ihres Materials oder der Spuren ihres Gefertigtseins, der Farben, Formen, Linien und Flächen. Diese primären Qualitäten werden mit den Mitteln des künstlerischen Zugriffs und den jeweiligen Regeln der Umsetzung zu einem Aussagepotential gebracht, welches eine elementare Sicht auf die Wirklichkeit freigibt. Das ist nur über die Sinne, hier mit den Augen, zu erfahren. Im Hören auf die Sprache der Bildanalyse, die eine andere ist als die Sprache der Geschichte von den Gegenständen und ihrem Sagen, enthüllen sich Verweise auf den Kern der Arbeit Sasses. Er bedient sich vorgefundener, von Menschen zu bestimmtem Zwecke hergestellter Gegenstände des Alltagsgebrauchs und entkleidet diese auf Grundstrukturen, welche in diesem Äußeren entborgen werden. Nicht aber, um mit diesen Grundstrukturen Aussagen über die Gegenstände zu machen, sondern um diese Grundstrukturen in einen neuen Kontext als Bildelemente zu überführen. Die aus ihrem Funktionszusammenhang genommene Struktur z. B. des Tischdeckenmusters – die ihre Struktur nur aufgrund ihres Funktionszusammenhangs (Dekoration) erhalten hat – wird, in das Bild eingetragen, ihrer bisherigen, kausalen Bedingungen enthoben. Die Struktur erscheint autonom, der damit einhergehende funktionale Sinnverlust wird umgekehrt aufgeladen mit bildnerischem Sinnkontext, etwa der Fläche-Raum-Beziehungen, Figur-Grund-Verhältnissen, der Proportion. Anstelle des durch die Umsetzung verlorenen bisherigen Sinns steht nun die Sinnstruktur des Bildes, welche identisch ist mit der Bildstruktur. Abgebildetes und das Wie des Abgebildetseins fallen untrennbar zusammen in der Fotografie, die Bild genannt wurde. Das Bild also verweist auf sich.

Das, was den Beschauer gefangen nimmt, was da »Kunst« aufscheinen läßt, zeigt sich selbst.

Ist Zeige, Hand, die auf sich deutet. Die darin eingebundenen Gegenstände werden ihrer gewohnten Kontexte enthoben. Die aufgehobene Vertrautheit läßt sie fremd werden, nachgerade unheimlich. Die Monstrosität ist im Bild selbst als es selbst als »Kunst«. Monstrosität – Zeige – Zeichen. Die Bildzeichen und die Logik ihrer Verknüpfung sind jeweils Schlüssel zu einer einzigen autonomen Arbeit. Sie geben weder ein Alphabet noch eine Grammatik an die Hand, welche, einmal dechiffriert, ein Instrumentarium zum Verständnis jeder Arbeit Sasses zur Verfügung stellen würden. Jede Arbeit selbst stellt mit ihrer Umsetzung des in der Alltagswirklichkeit Vorgefundenen die Grammatik, die Regeln ihres Bildseins allererst auf.

Mit diesen Überlegungen konnte ein Gemeinsames der beiden Bildbeispiele herausgestellt werden, das jenseits eines subsumierenden Begreifens der Arbeiten Sasses als dokumentierendes Aufzeigen von Alltagswirklichkeit liegt. Die Umsetzung des in der Wirklichkeit Vorgefundenen aber hat das Erkennen (und damit Benennen) der Alltagsgegenstände nicht zugleich verunmöglicht. Daß sie mit der Fotografie in eine Bildwirklichkeit gerückt sind, hat damit nicht das Wiedererkennen aus mehr oder weniger vertrauten Zusammenhängen aufgehoben. Ist damit zugleich eine Leseweise geboten, über die Gegenstände, die die Fotografie zeigt, angesichts der Fotografie Aussagen zu treffen und damit doch etwas über die Fotografien zu sagen? Steht der Gedankengang dieses Textes damit wieder an der ganz zu Anfang gestellten Frage und scheint deren Beantwortung doch noch nicht in greifbare Nähe gerückt?
Das hier ins Licht gesetzte Problem muß etwas zu tun haben mit dem Medium Fotografie. Sosehr die Bildanalysen zu zeigen suchten, daß diese Fotografien als Bilder nur aus einer ihnen eigenen Bildwirklichkeit heraus zu verstehen sind, so sind sie als Bilder doch immer auch Fotografien und weisen als solche Referenzen zur Wirklichkeit auf. Um die hier sich stellende Frage zu klären, muß das Verhältnis beider, Wirklichkeit und Bildwirklichkeit, in bezug auf die Fotografien Jörg Sasses bedacht werden.
Ausgangspunkt für ein Sagen über die fotografierten Gegenstände ist die in gewissem Grade geglaubte Objektivität der Fotografie. Sofern sie nicht mit offensichtlichen manipulatorischen Tricks und fotochemischen Verfremdungen arbeitet, scheint sie ein enges und »glaubwürdiges«, d. h. möglichst »unverfälschtes«, »direktes Abbild« eines realen Gegenstandes, der »Wirklichkeit« also, vorzugeben.
Diese Wirklichkeitsreferenz ist vermittelt über das Foto. Die Bildanalysen konnten zeigen, daß das Foto die Wirklichkeitsreferenten Ins-Bild-Setzt. Diese unterliegen den Gesetzen des Bildes. Sie sind ihrer ursprünglichen Kontexte enthoben und in einen Funktionszusammenhang gestellt, der Bildwirklichkeit genannt wird. Damit verwehrt die als Bild bestimmte Fotografie aus sich ein Gleichsetzen der Wirklichkeitsreferenz mit den tatsächlich in der Wirklichkeit vorhandenen Gegenständen. Das mit dem Foto Begegnende begegnet aktuell erst dem Beschauer mit dem sehenden Erfahren des Bildes.
Damit tragen diese Arbeiten im Zeigen ihrer selbst als Bilder die Grenzen gegenüber Leseweisen vor, die der Auffassung nachhängen, die Fotografie verschwinde immer hinter dem Referenten. Die Arbeiten Sasses geben anderes zu lernen. Daß diese Arbeiten ihre Grenzen selbst vortragen, meint, daß sie dem Beschauer – der die auf ihnen abgebildeten Gegenstände als diese benennt und das mit dem Benennen assoziierte Gewußte zum Ansatzpunkt für ein Verständnis der Fotografien wählt – zu verstehen geben, mit solcher Leseweise nicht von der Fotografie selbst zu sprechen, sondern diese als Vehikel zu gebrauchen. So benutzt, ist die Fotografie mit dem Knoten im Taschentuch zu vergleichen, als Erinnerungsstütze, als Verweis auf jenseits der Stütze Liegendes. Das jenseits ihrer selbst Liegende aber kann nicht mehr anhand der Arbeiten eingelöst werden. Man kann also die Fotografien Sasses lesen (d. h. jetzt: benutzen) als Alltagsdokumentation, doch geben die Arbeiten selbst die Bedingungen und Gültigkeit eines solchen Verstehens vor. Das genaue Hinsehen lehrt das Verschwinden des Referenten hinter der Fotografie. Das Benennen ist zweifellos möglich, entbehrt aber jeder Evidenz zur Erfahrung

vor den Arbeiten. Diese Fotografien enthüllen anderes über den Referenten als die schlichte wiedererkennende Begegnung mit ihm. Indem die Arbeiten sich selbst als Bilder behaupten, in dieser Behauptung die Umsetzung von außerhalb ihrerselbst liegender Alltagswirklichkeit vor-stellen, tragen sie ihre Grenzen, d. h. ihren Kontext, in dem sie stehen und aus dem sie herausstehen, mit vor. Gerade dabei geben sie weit mehr zu erfahren, als diese Formulierung sogleich mitzusagen versteht: ihre Autonomie isoliert sie nicht von ihrem Umfeld, von der Wirklichkeit, vielmehr tragen sie diese mit, in einem Aspekt, den sie allererst (und sehr begrenzt) erhellen. Im eigenen Kontext sichtbar gehalten, sind sie weder beliebig noch so allgemein, um subsumierend Geschichten, Geschichte gar, zu sagen. Diese Arbeiten sagen weit mehr vom Sehen. Damit verweigern sie einen Zugriff, der um des Was willens das Wie des Phänomens umgehen will. Die Annäherung an das Wie des Phänomens mittels der erläuternden Rede jedoch, welche der Sprache des Einzelbildes nachgeht, ist nicht zugleich Versicherung, die Arbeiten »verstanden«, »begriffen« und »bewältigt« zu haben. Doch leistet sie Unumgängliches. Es war die Absicht der hier angeführten Bildanalysen, die Arbeiten Sasses als in eigenem Gesetz stehende Bilder kenntlich zu machen. Das zu erkennen ist nur möglich im Stoßen auf eine Grenze, die diese Arbeiten vortragen. Im Stoßen auf diese Grenze zerbricht sich die erläuternde Rede. Der Begriffsapparat der Bildanalyse, die Versprachlichung des zu Sehenden schwindet vor dem zu Sehenden.

Mit dieser Erkenntnis erst ist die Überlegung zu den Arbeiten Sasses an ihren Ausgangspunkt zurückgekehrt. Der mit der ersten Annäherung an diese Arbeiten konstatierte Spalt hat sich erneut aufgetan, besser, ist nicht geschlossen worden und zeigt sich jetzt in vertrauterem Licht. Sasses Arbeiten geben an und mit den scheinbar so vertrauten Alltagsgegenständen ein Sehen zu erfahren, das nicht mehr selbstverständlich ist. Das plötzliche – und unheimliche – Begriffslos-Werden der fotografierten Gegenstände ist Eröffnung des Sehens. Das Bezeichnete/Benannte verliert seine alltägliche Sinnzuweisung und zeigt neuen, eigenen Sinn, anschaulich, jenseits der Versicherungsmaschinerie der Alltagszuweisungen.

Aufschrecken des Beschauers, wenn die Begriffe schwinden. Aussetzen des Erkennens, Einsetzen des Sehens.

ABBILDUNGSVERZEICHNIS

BIOGRAPHISCHE DATEN

JÖRG SASSE

1962 geboren in Bad Salzuflen
1982 Studium an der Kunstakademie Düsseldorf
1987 Meisterschüler bei Prof. Bernd Becher

EINZELAUSSTELLUNGEN:

1987 Raum 003, Kunstakademie Düsseldorf

1990 Galerie Wilma Tolksdorf, Hamburg
Galerie Faust, Genf

1991 Galerie Georges-Philippe Vallois, Paris
Galerie Wilma Tolksdorf, Hamburg
Galerie Vega, Liège

1992 Institut Mathildenhöhe, Museum Künstlerkolonie, Darmstadt

GRUPPENAUSSTELLUNGEN:

1984 Foto, Video, Performance Ratherstraße Düsseldorf: Aus der Leere des Raumes III

1985 Rundgang der Kunstakademie: Der Tisch, das Buch und die Dinge

1986 Rundgang der Kunstakademie: Siebzehn Schaufenster

1987 Forum junger Kunst, Kunsthalle Mannheim
The Two Simultanprojektion, Düsseldorf / New York
Petersburger Hängung im Slalom, Salon am Burgplatz, Düsseldorf

1988 Forum junger Kunst Württembergischer Kunstverein, Stuttgart

1989 1. Deutscher Photopreis
Landesgirokasse Stuttgart und Museum für Fotografie, Braunschweig
Galerie Wittenbrink, München
Multimediale, Karlsruhe

1990 Jardins de Bagatelle, Galerie Tanit, München

1991 Sonnabend Gallery, New York

Die Deutsche Bibliothek – CIP-Einheitsaufnahme
Jörg Sasse: Vierzig Fotografien 1984–1991; anlässlich einer
Ausstellung der Fotografien von Jörg Sasse, die vom 12. März
bis 20. April 1992 in den Ateliers des Museums Künstlerkolonie
auf der Mathildenhöhe Darmstadts gezeigt wird / mit Texten
von Gerda Breuer und Thomas Lange. – München; Paris; London: Schirmer-Mosel 1992
ISBN 3-88814-465-5
NE: Sasse, Jörg (Ill.); Breuer, Gerda; Lange, Thomas; Ausstellung der
Fotografien von Jörg Sasse [1992, Darmstadt]; Museum der Künstlerkolonie Darmstadt / Atelier

Lithos: O. R. T. Kirchner & Graser, Berlin
Satz: TYP-O-GRAPH, Vera Sponner, München
Druck: Appl, Wemding
Bindung: Kunst- und Verlagsbuchbinderei Leipzig